Minimalismus

Mit weniger besser leben

Inhaltsverzeichnis

Einleitung 1
Kapitel 1: Mit Minimalismus anfangen 3
Lass die Vergangenheit hinter dir 4
Was wirklich wichtig ist... 5
Wo anfangen? 10
Wohin mit den Sachen?... 11
Kapitel 2: Das Leben vereinfachen 13
Bewusster Kaufen.. 13
Bewusster Leben.. 15
Minimalismus beim Reisen...................................... 18
Kapitel 3: Minimalismus bei der Arbeit 21
Den richtigen Job finden.. 21
Motivation bei der Arbeit 25
Kapitel 4: Ein erfüllteres Leben 27
Nutze deine Zeit... 27
Deine eigenen Ziele 29
Schlusswort 32
Impressum... 35

Einleitung

In unserer heutigen konsumorientierten Gesellschaft geben wir immer mehr Geld aus. Wir kaufen Dinge, die wir nicht brauchen, und behalten Dinge, die wir nicht benutzen. Es ist viel zu einfach ein weiteres Kleid zu kaufen, obwohl der Kleiderschrank schon überfüllt ist. Oder es fällt uns schwer, ein Buch wegzugeben, welches wir seit 5 Jahren nicht gelesen haben. Minimalismus beschäftigt sich genau mit diesen Problemen. Doch es ist nicht einfach von materiellen Gegenständen loszulassen. Oftmals hängen Erinnerungen dran: Ein Buch aus der Kindheit, ein Mitbringsel aus dem Urlaub oder ein Geschenk von der Familie. Doch all diese Gegenstände häufen sich mit der Zeit an, bis man sich in der eigenen Wohnung erdrückt fühlt.

Doch im Leben zählt nicht, was du früher mal warst, und was du damals gelesen hast. Es zählt, wer du jetzt bist. Und genau dieses Bewusstsein fehlt vielen Menschen heutzutage. Man erkennt nicht was im Leben wichtig ist. Viele sind umgeben von Anforderungen, die sie nicht erfüllen können.

Leisten sich einen Luxus, den sie sich nicht leisten können oder gar nicht brauchen.

Alles in unserer Gesellschaft zielt darauf hin, einen guten Job zu finden und dann 40 Stunden die Woche im Büro zu arbeiten, nur damit wir am Ende trotz all dem Geld nicht glücklich sind. Wäre es nicht viel besser, wenn Du einen Job haben kannst, der dir Spaß macht und du das Leben genießen kannst?

Als Minimalist entgehst du den Anforderungen der Gesellschaft. Du musst nicht das höchste Gehalt haben um glücklich zu sein. Viel wichtiger ist, dass du dir Zeit nehmen kannst. Zeit für dich selber, zum Nachdenken, zur Selbstfindung. Und Zeit für andere, Familie und Freunde, denn gute Beziehungen können wertvoller sein als alles Geld.

Kapitel 1: Mit Minimalismus anfangen

Hast du dich dazu entschieden, dein Leben zu ändern? Möchtest du selber Minimalist werden? Doch wo sollst du anfangen? Genau das wird dir in diesem Kapitel erklärt.

Wer mit Minimalismus anfangen möchte, braucht zuallererst das richtige Mindset. Dabei ist es nicht schlimm, wenn man vorher ein "Sammler" war und nie etwas wegwerfen konnte. Man muss nur bereit sein, sich zu ändern. Es bringt nichts, wenn du dir selber versuchst, diesen Lebensstil aufzuzwingen. Denn du wirst nur Erfolg haben, wenn du es auch wirklich selber willst.

Die zweite Bedingung ist die Motivation. Es wird sicherlich seine Zeit brauchen, dein Leben zu vereinfachen und erst recht, bis du dich daran gewöhnt hast. Nichts ist ärgerlicher, als wenn du deinen halben Kleiderschrank ausmistest und es hinterher bereust. Deswegen denk immer genau nach, ob du für die Veränderungen bereit bist. Aber sag dir auch immer eins: Wenn du erst einmal die größten Veränderungen hinter dir hast, wirst du ein sehr viel einfacheres Leben führen können.

Lass die Vergangenheit hinter dir

Minimalismus ist ein Lebensstil, bei dem du hier und jetzt lebst. Du lebst weder für die Vergangenheit, noch für du Zukunft. Jeder Moment deines Lebens ist wertvoll und wir sorgen dafür, dass du dein Leben voll und ganz genießen kannst. Doch vor allem beim Ausmisten und Aussortieren unserer alten Sachen, rutschen wir wieder zurück in unsere Vergangenheit. Oftmals verbinden wir alte Gegenstände mit Erinnerungen und Gefühlen. Wenn wir uns davon trennen, empfinden wir Schmerzen. Doch diese Schmerzen sind ganz normal, denn wenn wir Gegenstände, die mit Erinnerungen verknüpft sind, weggeben, fühlt es sich so an, als würden wir einen Teil von uns, nämlich unsere Vergangenheit, wegwerfen.

Doch als Minimalist musst du versuchen, nicht nur den guten Momenten aus der Vergangenheit hinterherzutrauern, sondern diese Momente jeden Tag neu zu erleben. Es zählt nicht wer du früher einmal warst, es zählt wer du jetzt bist. Denn nur wer es schafft, sich von der Vergangenheit zu lösen und in der Gegenwart zu leben, kann das Leben genießen.

Was wirklich wichtig ist

"Das könnte ich ja noch gebrauchen", ist die meistgenutzte Ausrede beim Aussortieren. Doch lass dich davon nicht betrügen. Natürlich kann man alles irgendwann und irgendwo noch einmal gebrauchen. Doch alles was du nicht regelmäßig benutzt, brauchst du in der Regel auch nicht. Um sich das Ausmisten etwas zu erleichtern, kannst du dir eine ganz einfache Regel setzen: Alle Gegenstände, die du mindestens einen Monat lang nicht gebraucht hast, kommen weg. Diesen Punkt, ab dem du aussortierst, bezeichne ich oft als "Deadline" für deine Sachen. Wenn es dir leichter fällt, kannst du diese "Deadline" auch auf ein paar Monate oder ein Jahr zurücksetzen. Womit auch immer du anfängst, du wirst erstaunt sein, mit wie wenig du eigentlich leben kannst und wirst dich fragen, wie du all die Jahre mit so viel "Müll" leben konntest.

Beim Aussortieren ist es außerdem von großer Hilfe, sich selber Prioritäten zu setzen. Wenn du dir nicht wirklich sicher bist, was dir wirklich wichtig ist, ist deine Wohnung am Ende genau so voll wie vorher. Um das Setzen dieser Prioritäten einfacher zu gestalten, solltest du zwischen folgenden Bereichen unterscheiden: Alltagsgegenstände, deine Hobbys und

Leidenschaften, und Familie und Erinnerungen.

Bei Gegenständen im Alltag solltest du vor allem darauf achten, dass du nicht zu viel hast. Du brauchst keine vier Pfannen in der Küche. Versuche dich auf jeweils ein Duschgel etc. zu beschränken. Vor allem als Frau kann man den Kosmetikbereich um einiges reduzieren und immer noch mehr als genug haben. Auch da gilt wieder: Behalte nur das, was du wirklich regelmäßig benutzt. Jetzt kommt nämlich der Punkt, wo du dir das Leben einfacher machst. Stell dir einfach vor, du wachst den nächsten Morgen auf, weißt genau was du anziehst und musst dich nicht mehr zwischen fünf verschiedenen Haarwaschmitteln und drei Deos entscheiden. Dadurch machst du dir nicht nur das Leben sehr viel einfacher, du sparst auch immens viel Zeit und kannst entspannter in den Tag starten, da sich dein Gehirn nicht mehr mit diesen unnötigen Entscheidungen befassen muss.

Wenn man selber ein begeisterter Leser ist und nicht nur digital viele Bücher liest, dann krümmt sich oftmals das Bücherregal unter den ganzen dicken, verstaubten Lektüren. Viele Leute begründen das dann mit "Ja, das kann man doch später noch einmal lesen" oder "Vielleicht wollen meine Kinder dieses Buch später haben". Doch denk mal darüber nach. Wie viele deiner Bücher würdest du wirklich nochmal lesen? Heutzutage bekommt man fast alle Bücher als Ebook online, kann es sich in der Bibliothek ausleihen oder einfach übers Internet bestellen und es sich den nächsten Tag liefern lassen. Deswegen ist es meistens wirklich nicht nötig hunderte von Büchern zu horten.

Es ist beim Minimalismus natürlich dennoch wichtig, seine Leidenschaften und Hobbies nicht zu vernachlässigen. Denn unsere Leidenschaften sind unsere Hauptmotivation im Leben und einer der wichtigsten Aspekte, um glücklich zu sein. Wer gerne wandern oder Skifahren geht, der sollte sein Equipment ruhig behalten, selbst wenn es man es nur einmal im Jahr braucht. Natürlich könnte man argumentieren, dass man sich auch Wanderstock und Wanderschuhe ausleihen kann, aber dies kann teilweise umständlich sein und ist auch nur bedingt möglich. Außerdem hegt man vor allem im Sport ein sehr großes Vertrauen in sein eigenes Equipment und Material.

Aber nicht nur im Sport solltest du Sachen behalten dürfen. Die beste Methode ist, wenn du dir zwei bis drei Dinge aussuchst, die dich wirklich glücklich machen. Wenn deine Leidenschaft DVDs und Filme sind, dann behalt einen Großteil davon. Wenn du großer Fan von einer Buchreihe bist (z.B. Harry Potter), dann such dir dafür einen guten Platz in der Wohnung aus. Es kann auch ein Instrument sein, wichtig ist, dass dir diese Gegenstände keine Last sind.

Was Erinnerungen an unsere Familie oder persönliche Ereignisse angeht, muss man teilweise die härtesten Entscheidungen treffen. Natürlich ist es wichtig, an die Familie zu denken, aber ist es nicht viel schöner, sich wirklich Zeit für seine Familie zu nehmen, anstatt nur ein Foto anzuschauen? Ist es nicht spannender, Geschichten vom Urlaub zu hören und selber zu erzählen, als nur eine Muschel vom Strand zu haben? Viel zu oft ersetzen materielle Gegenstände das, was wirklich wichtig im Leben ist. Auch hier solltest du dich einfach auf eine bestimmte Anzahl persönlicher Gegenstände beschränken. Für einige reicht ein Foto, andere können da dann doch nicht mit allzu wenig leben. Allerdings muss man daran denken, dass man Fotos immer digital speichern kann, sodass man jederzeit Zugang hat, sie aber keinen Platz wegnehmen.

Außerdem muss man ganz klar unterscheiden, welche Erinnerungen wirklich positiv sind. Denn Gegenstände wie Medaillen und Würdigungen, aber auch ein Foto vom Abiball als Beispiel, sind natürlich alle mit Erfolg verknüpft, aber meistens auch mit sehr viel Druck, Stress und hohen Erwartungen: Alles Aspekte von denen wir uns eigentlich im Alltag lösen möchten. Auch Erinnerungen an verstorbene Verwandte können eher bedrückend sein, als dass sie unser Leben vereinfachen. In diesem Fall ist es oftmals leichter loszulassen, als sich weiter mit der Trauer zu quälen.

Wo anfangen?

Vor allem wenn man noch nicht mit dem Lebensstil Minimalismus vertraut ist, ist es oftmals schwer zu entscheiden, womit und wie man anfangen soll. Auch hier versuchen wir uns das Leben so einfach wie möglich zu machen. Eine der bewährtesten Methoden ist es, sich erst einmal nur einen Raum in der Wohnung vorzunehmen und auch dort erst einmal nur einen Teil des Raumes auszusortieren. Als Beispiel, du nimmst dir in dieser Woche vor, nur den Badezimmerschrank aufzuräumen. Am einfachsten und effektivsten ist es dann, erst alle Sachen aus dem Schrank zu nehmen und wirklich nur das zurückzulegen, was du wirklich im letzten Monat gebraucht hat. So musst du dir wirklich jeden Gegenstand einzeln anschauen und dich entscheiden. Dabei musst du immer dran denken: je weniger du hast, desto einfacher wird dein Leben später sein.

Eine weiterer Weg ist die sogenannte "Korbmethode". Dabei musst du dir praktisch deine eigene Wohnung als Einkaufsladen vorstellen, bei dem deine Sachen die Produkte sind, zwischen denen du dich beim Einkaufen entscheiden musst. Denn am Ende darfst du nicht mehr nehmen als wirklich in den Korb passt. Überleg dir also am besten, was würde ich hier und jetzt "kaufen"? Worauf müsste ich sonst verzichten? Diese Methode hilft vor allem bei persönlichen Gegenständen eine klare Grenze zwischen "behalten" und "weggeben" zu ziehen, da der Korb symbolisiert, dass für unwichtige Dinge im Leben kein Platz ist.

Wohin mit den Sachen?

Wichtig ist auch, dass du weißt, wo du die Sachen, die du nicht mehr brauchst, hinbringen kannst. Oftmals machen viele Menschen sonst ein Zimmer zur Abstellkammer und haben sich so auch keinen Gefallen getan. Am besten du überlegst dir, wie du mit deinen alten Sachen anderen Menschen helfen kannst. Das gibt dir nicht nur ein gutes Gefühl, es fällt dir dann auch sehr viel leichter, die Sachen wegzugeben. Dazu gibt es in jeder Stadt Wohltätigkeitsorganisationen, welche gerne deine alten Klamotten annehmen. Außerdem findet man auch oft Bücherclubs oder Stadtbibliotheken, die dir deine Bücher abnehmen können oder wo du im Falle von Bücherclubs sogar deine alten Bücher gegen andere austauschen kannst, welche du noch nicht gelesen hast. Somit hast du nicht nur dir einen Gefallen getan, sondern auch der Gesellschaft und deinen Mitmenschen.

Natürlich gibt es auch die Möglichkeit seinen alten Besitz übers Internet oder Flohmärkte zu verkaufen, was allerdings teilweise einiges an Arbeit darstellt. Aber man kann sich dafür ein gutes Taschengeld dazuverdienen und manchmal sogar den nächsten Urlaub finanzieren.

Allerdings lehnen viele Minimalisten das Verkaufen sehr stark ab, da es oftmals dann doch die Gier nach materiellen Gegenständen weckt, hier in Form von Geld. Viel schöner ist es dann doch wenn man die Sachen an Verwandte weitergibt. Dabei kann man nicht nur Leute inspirieren, sondern auch Beziehungen stärken. Letztes Jahr erst habe ich einem Freund einen alten Reiserucksack geschenkt. Dieses Jahr ist er mit genau dem Rucksack und der damit verbundenen Inspiration auf eine Wandertour durch die Schweizer Alpen gegangen. Verrückt, oder? Das zeigt aber auch wie viel Einfluss wir oft auf andere Menschen haben. Wir müssen aufpassen, dass wir uns nicht zu sehr beeinflussen lassen, aber wir können dies auch nutzen um anderen zu helfen und auf den richtigen Weg zu bringen.

Kapitel 2: Das Leben vereinfachen

Bewusster Kaufen

Dies ist einer der schwierigsten Aspekte des Minimalismus. Wir leben in einer sehr stark konsumorientierten Gesellschaft, in der es Waren im Überfluss gibt. Von überall werden wir mit Werbung und Angeboten zugeschüttet, egal ob im Supermarkt, in der Werbung und mittlerweile auch über die Sozialen Medien, wie Facebook und Instagram. Man kann nicht einen Schritt im Leben gehen, ohne dass man uns ein Produkt aufzwingen will, welches wir garantiert nicht brauchen. Ist das noch Freiheit? Diese Freiheit musst du dir als Minimalist selbst schaffen. Du musst all diese Angebote, all die Werbung ignorieren, denn sie machen dir das Leben nur komplizierter und möchten dir am liebsten direkt das Geld aus der Brieftasche nehmen.

Als Minimalist ist es deswegen auch beim Kaufen essentiell wichtig, sich genau Gedanken über die Produkte zu machen. Brauch ich das wirklich? Bin ich mit der Qualität einverstanden? Es bringt nichts, wenn du dir eine Hose kaufst und diese später nicht mehr anziehst, weil du ein schlechtes Gefühl dabei hast, sodass du sie doch nach einem Monat wieder weggibst.

Ob man bei Kleidung und Haushaltsgegenständen auf Qualität achtet, muss jedem selbst überlassen sein. Es ist sehr oft so, dass vor allem Schüler und Studenten, welche nach dem Minimalismus leben, eher auf den Preis als auf die Qualität achten. Aber dies muss nicht so sein. Zu einem bewussteren Lebensstil gehört auch, dass wir uns über unsere Mitmenschen Gedanken macht und uns über die Hintergründe des Produktes im Klaren sind. Viele kaufen deswegen nicht bei Primark, weil die Arbeitsbedingungen schlecht sind, oder essen kein Fleisch mehr, da die Tierhaltung schlecht ist. Viele Minimalisten haben ihren Lebensstil an ihr Bewusstsein angepasst, doch über diese Gewissensbisse und die damit zusammenhängenden Trends werde ich in einem späteren Kapitel zu sprechen kommen.

Auch wenn du für die Küche einkaufst, solltest du einige Regeln beachten, damit du dir das Leben vereinfachst und auch deinen Abfall minimierst. Am besten ist es, wenn du dir am Wochenende einen Plan erstellst, was du die nächste Woche über Kochen möchtest, daran kannst du dich dann beim Einkaufen orientieren. Komm auf keinen Fall in die Situation, dass du im Supermarkt stehst und bei jedem zweiten Produkt stehen bleibst und denkst "Das sieht ja doch ganz lecker aus", denn davon landet meistens sowieso die Hälfte im Müll.

Bewusster Leben

Minimalismus ist nicht nur das Ablehnen von Materialismus und der konsumorientierten Gesellschaft. Es ist auch ein alternativer Lebensstil, welcher versucht, dein Leben zu vereinfachen und zu verbessern, damit du glücklich bist. Dazu gehört auch, dass du ein bewusstes Leben führst. Um bewusster zu Leben, musst du erst einmal lernen, dich selber zu lieben. Denk darüber nach, was gefällt dir an dir selbst am besten und wo könntest du dich verbessern? Denn erst wenn du dich selber zu schätzen weißt, kannst du lernen, die wichtigen Dinge im Leben richtig zu genießen. Meistens sind es nur ganz simple Aspekte in deinem Leben, die du ändern musst, um bewusster zu Leben und dich selbst zu lieben. Eine ganz wichtige Rolle dabei spielt die Gesundheit. Wenn wir uns in unserem eigenen Körper nicht wohlfühlen, haben wir oftmals nicht die Motivation, die wir im Alltag unbedingt brauchen, um zu funktionieren. Achte also auf deine Ernährung, lerne selbst zu kochen. Man könnte zwar denken, dass es auch Minimalismus ist, wenn man jeden Abend beim Fastfood oder Imbiss essen geht, da es ja das Leben "vereinfacht", doch bist du damit wirklich am Ende glücklich? Ist es nicht viel besser sein eigenes, selbstgekochtes Gericht zu essen? Denn selbst wenn deine Kochkünste nicht meisterhaft sind, ist doch der Stolz, den du empfindest, wenn du etwas selber kreiert hast, unbezahlbar. Außerdem spart man dabei einiges an Geld, was auch für mich ein Hauptargument fürs Kochen war.

Auch Sport hilft nicht nur deinen Körper zu verbessern, sondern auch für ein gesünderes und glücklicheres Leben. Dabei ist es egal ob du Fußball spielst, Fitness machst oder nur laufen gehst, wichtig ist, dass du dich bewegst. Außerdem ist es eine unglaubliche Motivation, wenn du deine eigenen Fortschritte bewundern kannst. Wichtig ist dabei, dass du den Sport wirklich regelmäßig betreibst. Wenn du zu viele Ausnahmen machst und dich vom Sport fernhältst, wirst du nicht nur keine Verbesserungen sehen, es wird dir auch ein schlechtes Gewissen geben, dass sich auf andere Bereiche des Lebens auswirken kann.

Um glücklich zu leben, legen viele Minimalisten Wert darauf, wirklich alles was die Seele in kleinster Form bedrückt, aus ihrem Alltag zu entfernen. Man denkt an die Mitmenschen und macht sich über die Hintergründe von Produkten Gedanken. Wie vorher schon angesprochen, wird Minimalismus oft zusammen mit einem vegetarischen oder veganen Lebensstil praktiziert. Dabei sind es verschiedene Aspekte, die einen dabei glücklich machen. Viele Menschen sind nicht mit dem Massenkonsum von Fleisch, und der damit verbundenen Massentierhaltung, zufrieden. Andere wiederum möchten einfach nur gesünder leben. Aber beides hat Gemeinsamkeiten mit dem Minimalismus: Man wird Glücklicher, in dem man auf anderes Verzichtet.

Aber es können auch andere Sachen sein, auf die man verzichtet, wie Alkohol und Selbstbefriedigung. Vor allem letzteres kann wie eine Droge wirken. Bei der Selbstbefriedigung hat man hat einen Moment des Glücks, doch muss man dafür weder wirklich arbeiten, noch sonst soziale Kontakte knüpfen oder sonst ähnliches. Wenn unser Körper weiß, dass er für dieses Glück nicht arbeiten muss, werden wir demotiviert und geben uns vor allem bei der Arbeit, aber auch in Beziehungen, weniger

Mühe. Jeder muss für sich selbst sehen, wie er ohne diese Dinge zurechtkommt. Doch schau für deinen eigenen Alltag, was bremst dich im Leben? Wieso bist du nicht glücklich? Wieso bist du demotiviert? Und vielleicht findest du ja selber etwas, worauf du verzichten musst, um deine Probleme zu lösen.

Minimalismus beim Reisen

Reisen kann oft sehr teuer sein, muss es aber nicht. Genau deswegen hat sich Minimalismus als Trend unter Reisenden und Backpackern entwickelt. Denn nicht jeder muss in teuren Hotels schlafen und auf Kreuzfahrten die Ozeane durchqueren. Wo bleibt die Freiheit, wenn man eine noch so "billige" All-Inklusive Reise bucht, wo alles vom Reiseveranstalter vorgegeben ist?

Meistens reicht auch einfach nur Inspiration, eine Karte und ein Rucksack um die Welt zu entdecken. Es erweitert deinen Horizont und es gibt dir Freiheit. Egal ob mit Bus, Bahn, Auto, Fahrrad oder als Wanderer, du kannst von einen Tag auf den anderen entscheiden, doch eine andere Route einzuschlagen. Statt in teuren Hotels zu übernachten, nimmst du dir ein Zelt oder bleibst in Hostels. Im Hostel musst du dir zwar das Zimmer meist mit mehreren Personen teilen, aber das heißt auch, dass du neue Leute kennenlernst. Und nicht umsonst sagen viele, dass die besten Freunde die sind, die man beim Reisen trifft. Denn nirgendwo sonst findest du mehr gleichgesinnte Menschen, welche auch oftmals Minimalisten sind. In den meisten Hostels kannst du außerdem auch die Küche benutzen, was eine gute Alternative zu den teuren Touristenrestaurants ist. Wer mit dem Zelt unterwegs ist, ist meistens sogar noch flexibler und kommt an Orte, von denen andere Touristen nur träumen können.

Eine gutes Beispiel stammt von meiner Reise durch Schottland. Ich war auch mit dem Rucksack unterwegs und bewältigte den Großteil der Strecke durch Wandern und Bahnfahren. Übernachtet habe ich immer in Hostels, welche alle um die 20 Pfund pro Nacht kosteten. Doch die Erfahrungen, die ich durch diese Hostels gemacht habe, waren sogar weit mehr Wert, als was ich gezahlt hatte. Jeden Abend traf ich auf neue Leute, auch Reisende, welche alle ihre Lebensgeschichte mit mir teilten. Mal waren es nur einfache Leute wie ich auch, aber ich habe auch Drogendealer, Architekten und Kriegsveteranen getroffen, was natürlich unglaublich spannend war. Doch diese Leute haben mir auch einiges fürs Leben mitgegeben, vor allem Motivation und Selbstvertrauen. Dann traf ich eine andere Frau im Zug, welche auch alleine durch Schottland reiste, aber in Hotels und B&Bs übernachtet hat. Sie hatte weder Erfahrung mit anderen Reisenden in Schottland gemacht, noch sonst irgendwie sich kulturell ausgetauscht. Und das obwohl sie viermal so viel Geld ausgegeben hat wie ich.

Deswegen ist Backpacking das perfekte Beispiel von Minimalismus, man nimmt so wenig wie möglich mit, gibt ein Minimum an Geld aus, und hat am Ende doch ein Abenteuer erlebt, das andere sonst nur in Büchern erleben können.

Kapitel 3: Minimalismus bei der Arbeit

Den richtigen Job finden

Unser Job ist einer der wichtigsten Aspekte im Leben überhaupt. Er sorgt dafür, dass wir finanziell unabhängig sein können und doch verbinden wir unsere Arbeit oft mit Stress, Druck und Monotonie. Viele sind froh, wenn sie nach Feierabend nach Hause kommen können und verziehen das Gesicht, wenn am nächsten Morgen der Wecker zur Arbeit klingelt. Doch das muss nicht so sein. Wenn du nicht glücklich mit deinem Job bist, musst du das ändern, denn wer in einer schlechten Atmosphäre arbeitet oder oft unter Stress leidet, hat im Durchschnitt auch eine geringere Lebenserwartung. Achte bei der Suche nach einem Arbeitsplatz also auch darauf, dass du mit deinem Umfeld zurechtkommst. Denn egal wie hart du sonst arbeitest, wenn du mit deinem Vorgesetzten und deinen Kollegen nicht klarkommst, wirst du niemals dein ganzes Potential entfalten können. Selbst das Essen in der Kantine kann oftmals Einfluss auf deine Produktivität und Motivation haben. Wenn man jeden Tag nur verkochte Nudeln auf den Teller bekommt, hat man auch keine Lust danach noch zu

Arbeiten. Und denk dran: Geld ist nicht das Wichtigste. Als Minimalist wirst du sowieso sehr viel weniger Geld ausgeben als vorher. Deswegen musst du auch nicht den bestbezahltesten Job zu nehmen, selbst wenn du die Qualifikationen dazu hast. Such dir einen Job, der dir Spaß macht und mit dem du glücklich bist, selbst wenn die Bezahlung schlechter ist. Wenn du morgens in den Spiegel schaust, sollst du einen Menschen sehen, der sich auf den Tag freut, und hochmotiviert ist, selbst wenn zehn Stunden Arbeit bevorstehen.

Viele Menschen sehnen sich nach einem einfacheren Leben und einem Job, der Spaß macht. Doch die meisten trauen sich nicht ihren Job zu wechseln, aus Angst weniger zu verdienen oder ihr Ansehen zu verlieren. Aber oftmals ist der Wechsel auf einen einfacheren aber schlechter bezahlten Beruf die einzige Lösung.

Markus Studer ist eins der besten Beispiele, dass man seine Leidenschaft auch im Beruf verfolgen sollte. Der Schweizer arbeitete als selbstständiger Herzchirurg und war Mitbegründer des Herz-Zentrums Hirslanden. Trotzdem entschied sich der sich der damals 57-Jährige, auf dem Höhepunkt seiner Medizinkariere, doch LKW-Fahrer zu werden - ein Traum, den er seit der Kindheit hatte.

Ordnung bei der Arbeit

Egal ob du von zuhause arbeitest oder im Büro, Ordnung auf dem Arbeitsplatz ist essentiell damit du dich wohlfühlst und produktiv sein kannst. Es kann nicht sein, dass man seinen Arbeitsplatz auf den Sofatisch verschiebt, nur weil der eigene Schreibtisch bis oben hin mit Briefen, Ordnern und längst nicht mehr relevanten Notizen gefüllt ist. Dabei ist es ganz einfach Ordnung auf dem Schreibtisch zu schaffen und dann auch zu behalten. Leider kann man dabei nicht alle Prinzipien, die man sonst beim Minimalismus benutzt, auch hier verwenden. Die meisten Briefe und Dokumente muss man behalten, damit man später noch Zugang hat. Viele Rechnungen müssen wir behalten, damit wir einen Überblick über unsere Ausgaben haben und einige davon eventuell später von der Steuer absetzen können. Natürlich muss man alles irgendwo lagern, aber dann nicht auf dem Schreibtisch. Richte dir ein Regal ein, wo du all diese Dokumente in Ordner sortieren kannst, und besorg dir eine Kiste oder einen alten Pappkarton, in welchen du alle nicht mehr relevanten Notizzettel und Briefe reinwerfen kannst. Falls du nicht genug Platz für Ordner hast, reicht es meistens auch deinen Papierkram einzuscannen und auf dem PC zu speichern. Damit du einen Überblick über deine Notizen behältst, kannst du dir zum Beispiel deine Zettel an die Wand pinnen oder du besorgst dir eine kleine Tafel, an der du deine Notizen stattdessen aufschreibst. Damit hast du schon einiges an Ordnung geschaffen und kannst auch in Zukunft Organisiert bleiben.

Um dir auch am PC die Arbeit zu vereinfachen, solltest du nicht nur alle deine Dateien sortieren und in verschiedenen Ordern haben, aber auch deinen Desktop aufräumen. Bei vielen am Arbeitsplatz sieht man einen Desktop der voll mit vorinstallierten Programmen ist, welche man nicht mehr benötigt. Lösche all diese Programme und sortiere deinen Desktop so, dass du nur noch die wichtigsten Programme auf dem Desktop behältst (Browser, Email, Word, Excel) und die, die du nur ab und zu brauchst, in separate Ordner tust, damit du diese noch findest, als Beispiel in einen Ordner nur mit Bearbeitungsprogrammen oder einen nur mit anderen Microsoft Office Programmen.

Durch diese Veränderungen wirst du sehr viel Zeit sparen und deinen Arbeitstag deutlich einfacher machen. Dabei kannst du sicher sein, dass auch deine Motivation bei der Arbeit steigt und du sehr viel produktiver wirst!

Motivation bei der Arbeit

Normalerweise ist bei vielen Menschen Geld die Motivation zu arbeiten. Auch als Arbeitgeber motiviert man seine Arbeiter meistens in Form von materiellen Gegenständen, seien es nun ein Firmenwagen, Bonusgehalt oder Geschenke.

Doch was, wenn man als Minimalist nicht mehr die Motivation in Form von Geld hat, weil man sowieso nicht viel braucht und keine weiteren materiellen Gegenstände mehr haben will? Natürlich ist es leichter motiviert zu sein, wenn man seine Leidenschaft im Beruf findet, aber selbst da braucht man noch etwas, das einen persönlich motiviert, da der Beruf trotzdem sehr monoton sein kann.

Oftmals fällt es uns leichter zu arbeiten, wenn wir wissen, wofür wir arbeiten. Ich selber habe zum Beispiel immer ein Bild von meinem nächsten Reiseziel auf dem Desktop, welches mich motiviert. Aber es kann auch ein Bild von der Familie oder, wenn man gerade im Studium ist, ein Bild, dass einen an den angestrebten Abschluss oder Beruf erinnert.

Die größte Motivation beim Arbeiten ist allerdings, wenn du Lob und Anerkennung bekommst und Leute deine Arbeit wertschätzen. Wenn du also von zuhause arbeitest und keinen Chef hast der dich lobt und dir auf die Schulter klopft, zeige anderen deine Arbeit und schau, was du für Rückmeldung du bekommst.

Welche Aspekte die wichtigsten sind, um bei der Arbeit motiviert zu sein, zeigt auch Maslows Bedürfnispyramide sehr gut. Dabei steht die Selbstverwirklichung oben an erster Stelle und die Grundbedürfnisse an letzter. Aber auch Sicherheit im Job, Zugehörigkeit, also eine gute Beziehung zu deinen Kollegen, und Bedeutung, also das Bewusstsein, selber Teil von etwas größerem zu sein und zu erkennen wie wichtig die Arbeit ist, spielen eine entscheidende Rolle. Denn erst wenn all diese "Bedürfnisse" erfüllt sind, arbeiten wir am produktivsten. Das zeigt aber auch, wie wichtig gute Beziehungen und Selbstverwirklichung im Leben sind und dass wir auch ohne materielle Ziele motiviert sein können.

Kapitel 4: Ein erfüllteres Leben

Um ein erfülltes und glückliches Leben zu führen, spielt natürlich auch die Selbstverwirklichung eine entscheidende Rolle. Dazu zählt natürlich auch, wie vorher schon erklärt, dass man ein bewusstes Leben führt, aber auch das man seine persönlichen Ziele erfüllt und den eigenen Werten treu bleibt. Wie nutzt du deine Zeit Sinnvoll? Wie kannst du dir die letzte Last von der Seele nehmen? Wie kannst du selber stolz auf dich sein?

Nutze deine Zeit

Ein weiterer Vorteil von Minimalismus ist, dass du viel mehr Zeit haben wirst, da du dein Leben vereinfacht hast. Nutze deine Zeit. Du wirst niemals Glücklich, wenn du nur zuhause vor dem Fernseher sitzt und am Ende nichts geschafft hast. Das heißt aber auch nicht, dass du 24/7 arbeiten sollst. Du musst ein Mittelmaß finden, welches für dich passt und bei dem du am Ende des Tages glücklich bist.

Für deine Freizeit gibt es viele Aktivitäten, die Spaß machen und dir zur Selbstverwirklichung helfen. Sport ist eine der offensichtlichsten, da man dort am deutlichsten die Erfolge sehen kann. Aber es gibt auch viele andere Aktivitäten und Übungen, die dich glücklich machen können. Einige werde ich dir hier vorstellen:

Meditation ist eine Übung, bei der du nicht nur deinen Kopf befreist und den ganzen Körper entspannst. Du wirst dich auch besser konzentrieren können und dich vom Stress lösen. Am einfachsten ist es zu Meditieren, wenn du dich auf eine Matte auf den Boden setzt und versuchst, dich nur auf deinen Atem zu konzentrieren. Es hört sich zwar lustig an, aber sobald du wirklich alles außer das Ein- und Ausatmen verdrängt hast, wirst du dich deutlich entspannter fühlen. Leg dich zum Meditieren am besten nicht ins Bett oder aufs Sofa, ansonsten läufst du Gefahr einzuschlafen!

Auch lesen ist eine der beliebtesten Aktivitäten unter Minimalisten. Bücher kann man gut austauschen und ausleihen, damit sie sich nicht im Bücherregal stauen. Das wichtigste an Büchern ist die Inspiration. Egal ob es eine Geschichte, eine Biografie, oder ein Ebook wie dieses hier ist, wir werden uns immer an Büchern orientieren können und uns davon inspirieren lassen. Lesen zeigt auch: Wenn man sich das Wissen selber aneignen kann, braucht man keinen besonderen Mentor und keine besondere Erfahrung um selber Erfolgreich zu sein. Man braucht nur das richtige Buch.

Als Minimalist hilft man vielen Leuten schon durch das Spenden alter Sachen. Aber du kannst auch selber andere Leute inspirieren. Oder du beteiligst dich an anderen Hilfsprojekten und machst Freiwilligenarbeit bei Vereinen. Egal was du machst, du leistest immer deinen Teil zur Gesellschaft bei. Denn es geht nicht nur darum wer am meisten Geld spendet oder die meisten Steuern bezahlt. Es geht einzig und allein darum, wie viel du dich engagierst und deinen Mitmenschen hilfst. Denn auch das ist es was viele glücklich macht: Das Wissen, das man selber andere glücklich gemacht hat.

Deine eigenen Ziele

Setz dir deine eigenen Ziele. Wenn du etwas hast, worauf du hinarbeitest, bist du sehr viel motivierter und du verschwendest keine Zeit, erst noch danach zu suchen.

Fang mit kleinen Zielen an, die dann auf ein größeres hinarbeiten. Zum Beispiel wenn du dich für eine Uni bewirbst, kannst du als Hauptziel natürlich haben, dass du angenommen wirst, aber du kannst dir die Teilziele so einteilen, dass du in einer Woche nur Informationen über die Universität sammelst, in der anderen schreibst du dann die Bewerbung oder bereitest dich auf das Interview vor. So schaffst du Ordnung in dein Leben und vermeidest Stress und Zeitdruck.

Außerdem ist das realisieren von eigenen Zielen und Ideen essentiell wichtig für die Selbstfindung und damit für ein glückliches Leben. Viel zu oft laufen wir im Leben nur Träumen hinterher, die wir aber nie selber erleben können. Doch wenn du es gar nicht erst versuchst, deine Träume zu verwirklichen, dann wirst du nie wirklich glücklich werden.

Während meiner Schulzeit bin ich sehr vielen Menschen begegnet, die ihr Leben praktisch aufgegeben haben. Ich wollte Medizin studieren, doch sie meinten, ich würde es ja sowieso nicht durchs Abitur schaffen, deswegen würde es sich ja gar nicht lohnen, sich anzustrengen. Doch ich wusste, dass ich für mein Medizinstudium einen Notendurchschnitt von 1,1 brauchte und habe dies dann auch entgegen aller Aussagen geschafft. Dabei ist es oft so einfach dem eigenen Traum näher zu kommen, ob es nun ein bestimmter Beruf ist, oder einfach nur Frieden im Leben, letztendlich brauchst du nur Inspiration, Motivation und Glück und kannst damit jede Hürde überwinden.

Schlusswort

Ich hoffe dieses Buch hat dir geholfen die Welt des Minimalismus zu verstehen. Vielleicht kannst du ja noch einiges aus diesem Buch anwenden und mit diesem Lebensstil ein glücklicheres Leben führen. Dabei muss aber auch gesagt sein, dass jeder seinen eigenen Minimalismus finden muss, denn nicht jeder muss auf alles verzichten und alles aussortieren. Viele Minimalisten haben immer einen Punkt, in dem sie etwas materialistischer denken, doch für alle gilt: Wie vereinfachen unser Leben, indem wir auf andere Dinge verzichten.

Ich denke außerdem, dass Minimalismus extrem wichtig ist, nicht nur als Lebensstil, sondern auch als "Bewegung". Denn durch unseren Massenkonsum zerstören wir unseren Planeten Erde immer weiter und nutzen immer mehr fossile Rohstoffe wie Öl und Gas, welche dann für unsere Nachfahren nicht mehr zur Verfügung stehen werden. Minimalismus kann entscheidend dazu beitragen ob es so mit dem Massenkonsum weitergehen kann und damit auch ob die Erde doch noch eine Chance bekommt zu überleben.

Je mehr Menschen nach dem Lebensstil Minimalismus leben, desto mehr werden

Menschen auf Konsum und Nachhaltigkeit achten. Auch die Gesellschaft an sich würde sich bessern, da jeder sehr viel mehr zur Gesellschaft beitragen würde. Die Menschen würden ihre eigenen Grundwerte neu interpretieren und Gesundheit und Familie würden wieder wichtiger werden.

Doch noch ist das alles ein Wunschgedanke und wir müssen uns mit unserem eigenen Minimalismus zufriedengeben. Allerdings bin ich der festen Überzeugung, dass Minimalismus ein Lebensstil der Zukunft ist, obwohl er eigentlich nicht wirklich unsere Wirtschaft unterstützt und eigentlich gar nicht in unsere Kapitalistische Welt hineinpasst. Doch Minimalismus zeigt, was alles Falsch an der heutigen Gesellschaft ist, und erlaubt es uns, eine Alternative zu entwickeln, bei der, ähnlich wie zur Zeit der Romantik, wieder der Mensch im Mittelpunkt steht und nicht der materielle Besitz.

Quellen

Markus Maeder ; Wörterseh Verlag 2008 ; Vom Herzchirurgen zum Fernfahrer: Der Spurwechsel des Dr. med. Markus Studer - Ein Bordbuch

Impressum

Text: Copyright © 2017 by Sophia Thiemann

Impressum und Verlag Sophia Thiemann

c/o Papyrus Autoren-Club, R.O.M. Logicware GmbH Pettenkoferstr. 16-18, 10247 Berlin

Alle Rechte vorbehalten.

Nachdruck oder Kopieren, auch auszugsweise, ist ohne Erlaubnis des Autors nicht gestattet.

Cover-Foto : Guas/ https://www.shutterstock.com/de/image-photo/money-pots-on-rise-growth-concept-137588309

Wichtiger Hinweis:

Die in diesem Buch enthaltenen Informationen dienen ausschließlich informativen Zwecken und dürfen unter keinen Umständen als Ersatz für eine professionelle Beratung oder Behandlung durch ausgebildete und anerkannte Ärzte angesehen werden. Diese beinhalten keinerlei Empfehlungen bezüglich bestimmter Diagnose- oder Therapieverfahren. Die Inhalte dürfen niemals als eine Aufforderung zur Selbstbehandlung oder als Grundlage für Selbstdiagnosen und -medikation verstanden werden. Die Informationen spiegeln lediglich die Meinung des Autors wieder. Der Autor übernimmt für die Art oder Richtigkeit der Inhalte keine Garantie, weder ausdrücklich noch impliziert.

Sollten Inhalte des Buches gegen geltendes Recht verstoßen, dann bittet der Autor um umgehende Benachrichtigung. Die betreffenden Inhalte werden dann umgehend entfernt oder geändert.

Haftung für Links

Das Buch enthält Links zu externen Webseiten Dritter, auf deren Inhalte wir keinen Einfluss haben. Deshalb können wir für diese fremden Inhalte keine Gewähr übernehmen. Für die Inhalte der verlinkten Seiten ist stets der jeweilige Anbieter oder Betreiber der Seiten verantwortlich. Die verlinkten Seiten wurden zum Zeitpunkt der Verlinkung auf mögliche Rechtsverstöße überprüft. Rechtswidrige Inhalte waren zum Zeitpunkt der Verlinkung nicht erkennbar. Eine permanente inhaltliche Kontrolle der verlinkten Seiten ist jedoch ohne konkrete Anhaltspunkte einer Rechtsverletzung nicht zumutbar. Bei Bekanntwerden von Rechtsverletzungen werden wir derartige Links umgehend entfernen.

www.ingramcontent.com/pod-product-compliance
Lightning Source LLC
Chambersburg PA
CBHW050028230526
45470CB00003B/1183